CAFETIER

CHEZ

SOI

DEUXIÈME ÉDITION

Prix : 1 fr. 50

AUBENAS
IMPRIMERIE LAVILLE

INTRODUCTION

En livrant ce petit recueil à la publicité, j'ai cru de mon devoir de vous donner quelques détails de jurisprudence, n'ayant qu'un but, **vous éviter des procès.**

Ceci dit, et ne voulant pas retenir votre attention sur des faits insignifiants, je vais vous exposer ce qui a cru devoir donner pour mon compte matière à assignation au Tribunal.

C'était le 16 mai dernier : Je recevais la visite de soi-disant connaisseurs, et comme vous et moi nous avons tous des amis, j'étais prévenu de leur arrivée.

Je voulais donc tout simplement, dans cette circonstance, m'offrir le luxe de savoir si, étant chez soi, on est maître de ses actes, surtout lorsque ces actes ne sont pas frauduleux.

C'est précisément ce qui m'a procuré beaucoup d'ennuis et que, par ce petit exposé, je tiens à vous faire éviter.

Pour votre gouverne, je vous dirai que toutes les fois que vous aurez la visite de ces personnages, vous n'avez, s'ils vous parlent de procès-verbal de constat, qu'à leur faire payer la consommation servie et les congédier purement et simplement, car un procès-verbal de constat ne doit avoir sa raison d'être que du moment où le limonadier est légalement prévenu par l'huissier, qui doit, en déclarant sa profession, expliquer sa présence,

Il faisait donc de ce chef un premier procès-verbal de constat probablement mentalement et manquant ainsi à tout devoir car, dans un cas pareil, l'huissier doit avant de sortir laisser une copie de son style au débitant.

Ils continuèrent ainsi ce manège à trois reprises différentes, changeant toutes les fois d'huissier, mais la façon d'opérer restait toujours la même.

Des constatations faites par l'Inspecteur

Ces procès-verbaux se font sur la réquisition d'un soi-disant Inspecteur, et pensez donc, n'est pas Inspecteur qui veut, car pour ce métier il faut avoir des aptitudes spéciales.

Inspecteur de n'importe quel liquide n'est pas un titre banal et tout le monde ne peut remplir cet emploi.

Il faut d'abord avoir un palais, pas à l'Élysée bien entendu, mais un palais liquoreux.

Il faut savoir, tout en dégustant, si c'est bien réellement un liquide pouvant faire l'objet de poursuites, car ces hommes-là tiennent entre leurs mains l'avantage de vous faire dépenser de l'argent, et comme pour eux il faut avant tout pincer quelqu'un, l'heure peut quelquefois influencer leur décision, car nous sommes certainement du même avis, à 5 heures du soir par exemple; au trentième ou quarantième verres, il peut bien arriver parfois que leur jugement prête à l'équivoque, voilà donc en deux mots le rôle de ce brave homme.

Je suis parfaitement d'accord avec la Société dite Union des Fabricants *quand il s'agit de pincer les fraudeurs, car on comprend aisément qu'une maison, quelle qu'elle soit, doit sauvegarder ses marques et pour cela compter sur les tribunaux pour protéger leurs produits, mais j'opine que cette Société devrait se servir d'agents intelligents qui sachent au moins faire la différence entre la fraude et la confusion qui ne s'explique bien souvent que par un mal entendu entre le consommateur et le limonadier.*

Moyens employés comme Transaction

Ces procès-verbaux de constat faits, vous recevez la visite d'un voyageur qui tout d'abord feint d'ignorer vos tracasseries.

Votre façon de le recevoir le met tout de suite au courant et avant même que vous lui en causiez, il devine, le brave homme, et s'apitoye sur votre sort.

Et d'une voix émue, faignant de prendre vos ennuis en considération, il vous propose son intermédiaire et vous dit : il n'y a qu'un moyen cher ami : *transiger*.

Cela prend neuf fois sur dix, mais avec votre serviteur, une tête légèrement emballée, surtout quand il croit avoir raison, la transaction n'est pas possible, et de là assignation au Tribunal.

Vous dire ici les plaidoieries ce serait abuser de vos instants, mais je vous donne les Jugements in-extenso, et par ce petit recueil, vous saurez aujourd'hui, si vous recevez de pareilles visites, les moyens à employer pour rester dans la légalité.

Je vous répète que la fraude quelle qu'elle soit, doit être répréhensible, mais là où la Société dite *Union des Fabricants* dépasse ses droits, c'est lorsqu'elle viole le domicile d'un limonadier sans être pourvu des moyens qu'exigent la loi.

Voici maintenant un Jugement me concernant, rendu par le Tribunal de Commerce d'Aubenas dans sa séance du 21 juillet 1899, et par la Cour d'Appel de Nîmes dans son arrêt du 2 février 1900, qui vient à l'appui de ce que j'avance et que je vous donne sans commentaires.

TRIBUNAL DE COMMERCE D'AUBENAS

Audience du 21 Juillet 1899

Présents : MM. L. TOURETTE, président avenant; MANDON, juge titulaire; CAMILLE ARTIGE, ancien juge, commerçant notable.

JUGEMENT

Entre sieurs Picon et Cie, distillateurs à Marseille,

Et sieur Croze Louis, cafetier, tenant le Grand Café de Lyon à Vals.

Vu l'assignation introductive d'instance, en date du 8 avril 1899, enregistré;

Oui, Me Bouillée, avocat du barreau de Paris, pour les demandeurs;

Ouï également, Me Blanc Perducet, avocat à Aubenas pour le défendeur;

Attendu que pour justifier leur demande, Picon et Cie s'appuient, en ce qui concerne Croze, sur trois procès-verbaux de constat, en date des 16, 18 et 20 mars dernier;

Ces constatations établissent que le dit Croze sert où fait servir dans son café, de l'Amer Thérèse, fabriqué par Thérèse Picon et Cie, aux consommateurs qui demandent un Amer Picon, où un Picon, et cela, sans les avertir préalablement de la substitution opérée;

Attendu que les faits sont reconnus et ne donnent lieu à aucune contestation entre parti, qu'il appartient au Tribunal de les interprêter équitablement au point de vue de la répression demandée;

Attendu que le droit de tout fabriquant est de défendre et faire protéger sa marque, que Picon et Cie, usant de ce droit, ont organisé un système de surveillance pour la constatation des fraudes;

Que celles-ci donnent lieu assez fréquemment à des poursuites, mais qu'il est notoire et non dénié d'ailleurs que plus fréquemment encore, elles aboutissent à des transactions proposées par Picon et Cie, transactions se résumant dans le paiement de dommages intérêts, et l'engagement pour un certain nombre d'années de ne servir que la marque Amer Picon.

Que ces manœuvres n'excèdent pas le droit de Picon et Cie, mais que leur habitude constatée doit rendre le Tribunal encore plus circonspect dans l'appréciation des faits qui lui sont soumis.

Or attendu que s'il faut incontestablement voir une fraude, méritant répression, soit dans le fait de servir aux consommateurs qui demandent de l'Amer Picon, un autre Amer contenu dans des bouteilles de Picon et Cie, aussi bien que dans le fait de servir dans le verre du consommateur, sans lui laisser possibilité de contrôle, de l'Amer Thérèse, alors qu'il demande de l'Amer Picon, tout autre est l'espèce au Tribunal,

Qu'en effet, Croze, ainsi que l'établit le constat, a à la suite de la demande d'un

Amer Picon, ou d'un Picon, servi de
l'Amer Thérèse, contenu dans le flacon
habituel à cette liqueur et portant en très
grosses lettres en travers les mots :

« Amer Thérèse, » et au dessous, « fabriqué par Thérèse Picon et Cie »...

Qu'aucune confusion ne peut s'établir
entre les deux bouteilles d'Amer Thérèse
et d'Amer Picon, que par ce fait il est
incontestable que le consommateur est
parfaitement et préalablement averti par
l'aspect même du flacon placé devant lui,
et qu'il n'y a, de la part du cafetier, ni
fraude, ni tromperie. Que certainement
dans les rapports de la maison Picon et
Cie et de Thérèse Picon, cette dernière est
sans droit de qualifier son produit d'Amer
Picon, mais qu'en ce qui concerne de
modestes débitants peu au courant de
distinctions qui peuvent leur paraître
subtiles, on peut les estimer excusables
d'avoir compris sous la dénomination générique de Picon ou d'Amer Picon, l'Amer
Thérèse, alors que cet amer a porté longtemps le nom d'Amer de la fille Picon, et

que le nom de Thérèse Picon et Cie figure encore sur les étiquettes d'une façon très apparente.

Qu'il y a lieu donc d'admettre leur bonne foi. Que cette bonne foi cesserait d'exister évidemment si un avis préalable leur était donné par la maison intéressée, mais que cet avertissement n'a pas eu lieu en l'espèce et n'est résulté pour Croze que de l'assignation;

Attendu d'ailleurs.

Vu l'article 130 du Code de procédure civile.

Par ces motifs :

Le Tribunal jugeant contradictoirement et en premier ressort :

Déclare Picon et Cie mal fondés dans leur demande, les en déboute, et les condame aux dépens.

Ainsi jugé et prononcé.

Je dois vous avouer qu'après un Jugement aussi raisonné, je pensais être à l'abri de toute autre poursuite; mais la suite m'a prouvé le contraire. Je vous donne donc, et sans aucun commentaire,

les conclusions du poursuivant et l'arrêt rendu
par la 2ᵐᵉ Chambre de la Cour d'appel de Nîmes
dans sa séance du 2 février 1900.

COUR DE NÎMES. — 2ᵐᵉ CHAMBRE

CONCLUSIONS

pour MM. Picon et Cⁱᵉ, distillateurs
à Marseille
Appelants : Mᵉ Lazuttes
contre M. Croze,
limonadier à Vals-les-Bains
Intimé : Mᵉ Hugues

Plaise à la Cour.

Au fond.

Attendu que les concluants sont propriétaires
exclusifs de la dénomination Amer Picon ou Picon
pour désigner un apéritif de leur fabrication.

Que cette propriété résultant pour eux, tant de
la priorité d'emploi que de dépôts régulièrement
effectués, a été consacrée par de très nombreuses
décisions de jurisprudence ayant acquis l'autorité
de la chose jugée :

Attendu qu'il résulte de trois procès-verbaux de constat dressés par les huissiers Robert, Richard, et Roche, aux dates des 16, 18, et 20 Mars 1899, qu'il a été servi dans l'établissement de Croze, de l'Amer Thérèse, à des consommateurs demandant de l'Amer Picon où du Picon. Qu'aucune observation de ce limonadier où de ses préposés n'a précédé cette substitution d'un produit à un autre et que ce n'est que sur l'interpellation des consommateurs eux-mêmes qu'il a été reconnu ensuite que les consommations servies n'étaient pas de l'Amer Picon ;

Attendu que ces faits, s'il ne sont constitutifs ni d'une contrefaçon, ni d'une imitation frauduleuse de marque, aux termes de la loi du 23 Juin 1857, ni même d'une concurrence déloyale, la concurrence proprement dite ne pouvant exister entre un fabriquant, d'une part, et un débitant de l'autre n'en sont pas moins des actes illicites et dommageables dont la réparation peut-être demandée aux termes de la disposition générale de l'article 1382 du droit commun,

Que si tout commerçant, aux termes de la loi des deux-dix-sept Mars 1791 a incontestablement le droit de ne vendre où débiter que les produits qu'il lui convient à l'exclusion de tous les autres, d'en vanter les qualités, de les représenter comme équivalents ou supérieurs à d'autres même les plus réputés, il ne doit en aucun cas laisser croire à l'acheteur ou au consommateur qu'il lui livre le produit que celui-ci a demandé ;

Que la probité commerciale et le respect de la propriété d'autrui lui commande au contraire d'avertir le consommateur où l'acheteur qu'il ne peut ou ne veut lui livrer le produit qui lui a été demandé,

Qu'il ne suffit pas d'ailleurs, qu'il reconnaisse la substitution lorsqu'elle a déjà eu lieu et seulement lorsque l'acheteur a pu s'en rendre compte, qu'avis de cette substitution doit être donné spontanément et préalablement à toute livraison du produit ;

Qu'en un mot le commerçant doit éviter tout ce qui serait de nature à induire l'acheteur en erreur sur l'origine de la marchandise vendue. Attendu que le Tribunal de commerce d'Aubenas, sans méconnaître ces principes en les proclamant même comme hors de discussion a cru devoir en écarter l'application dans l'espèce qui lui était soumise,

Qu'aucune des considérations qu'il a invoquée à cet effet, ne saurait résister à un examen sérieux.

A. — Sur les transactions intervenues antérieurement entre les concluants et divers débitants :

Attendu que le Tribunal déclare tout d'abord que les concluants, dans le but qu'il proclame légitime, d'ailleurs, de défendre et faire protéger leur marque, ont organisé un système de surveillance pour la constatation des fraudes dont elle est l'objet, constatation qui donne fréquemment lieu à des poursuites ;

Que l'exactitude de cette allégation n'est ni contestable, ni contestée. Mais attendu que le Tribunal ajoute qu'il est notoire et non dénié d'ailleurs que, plus fréquemment encore, ces poursuites donnent lieu à des transactions proposées par les concluants ;

Que ceux-ci ne peuvent qu'opposer à cette affirmation les dénégations les plus formelles et les plus énergiques ; Que s'ils consentent parfois des transactions dont les clauses et conditions sont librement débattues par les intéréssés et acceptées par ces derniers, c'est invariablement sur leurs sollicitations que ces transactions interviennent, et jamais sur la proposition des concluants ;

Que ceux-ci ne sauraient s'élever trop énergiquement contre la reproduction d'allégations aussi gratuites dans une décision judiciaire où elles sont qualifiées de manœuvres alors même que cette décision, comme le fait le jugement attaqué, déclarerait que ces prétendues manœuvres n'excèdent pas le droit des concluants; Qu'au surplus toute cette argumentation relative à des personnes et à des faits étrangers au débat soumis au Tribunal, était évidemment hors de propos et ne saurait rendre licites les actes reprochés au sieur Croze;

B. — Sur les différences existant entre les marques de l'Amer Picon et de l'Amer Thérèse :

Attendu que le Tribunal déclare qu'aucune confusion ne pouvant se produire entre les deux bouteilles d'Amer Picon et d'Amer Thérèse, cette bouteille étant placée devant le consommateur celui-ci est sufffsamment averti que le produit qui lui est servi n'est pas celui qu'il a demandé et que l'avis verbal devient ainsi inutile;

Attendu qu'il ne s'agit nullement en l'espèce d'apprécier la possibilité de confusion plus ou moins grande entre deux marques de fabrique;

Que en laissant même de côté les acheteurs illettrés ou étrangers, le Tribunal semble poser en principe que toute personne demandant un produit par la dénomination qui lui est propre, possède, outre la connaissance de cette dénomination facile à retenir, une notion suffisamment précise de la marque qui accompagne cette dénomination où dont celle-ci fait partie;

Qu'il est de principe et de jurisprudence que la marque doit être protégée, qu'elle soit considérée dans son aspect général, en tant que dessin, ou seulement dans la dénomination qui en est la partie essentielle ou même principale;

Que c'est ainsi que de nombreuses décisions ont considéré comme illicite certaines marques imitant celle des concluants, quant à leur aspect d'ensemble, mais portant des dénominations absolument différentes et qu'au contraire d'autres décisions ont prohibé l'emploi de la dénomination Amer Picon ou d'autres mentions en constituant une imitation, alors même qu'aucune analogie, même éloignée n'existait pour le surplus de la marque, soit quant aux flacons, étiquettes, capsules, etc...

Que l'unique question que le Tribunal avait à résoudre était de savoir si un commerçant peut livrer un produit à la place d'un autre sans avertir l'acheteur de cette substitution;

Que la jurisprudence, sur ce point, est unanime et invariable, et que, en ce qui concerne les concluants aucune décision en sens contraire ayant acquis l'autorité de la chose jugée, ne saurait leur être opposée;

(Voir notamment Cour de Nîmes, IIe Chambre, 13 mai 1892; *Picon et Cie contre Roche et Béranger).*

Que rien n'est plus aisé et plus usuel d'ailleurs pour un commerçant, que de faire connaître à l'acheteur, qu'il ne tient pas tel ou tel produit et d'en offrir un autre en remplacement ;

Qu'il convient aussi de ne pas perdre de vue que la confusion est extrêmement facile pour des produits de cette nature, en raison des conditions dans lesquelles ils sont débités ;

Que ces produits étant généralement livrés aux débitants aussi bien en fûts qu'en bouteilles et pouvant, par suite, être logés dans des récépients de toute nature, ces récépients eux-mêmes ou les marques dont ils sont revêtus, n'ont parfois qu'une importance relative comme certification de l'origine du liquide qu'ils contiennent ;

Que si d'ailleurs la jurisprudence a jugé de tels actes répréhensibles, alors que les Amers servis au lieu et place d'Amer Picon portaient très ostensiblement un nom de fabriquant ou une dénomination de produit entièrement dissemblables, ils le sont encore bien davantage lorsque le même nom figure sur les deux étiquettes, circonstance que le Tribunal a lui-même relevée dans l'espèce qui lui était soumise ;

Qu'enfin et dans tous les cas à supposer qu'il y ait défaut de vigilance de la part du consommateur « le défaut de vigilance de ceux qui se laissent tromper n'étant pas imputable au propriétaire lésé, ne saurait être relevé comme fin de non recevoir contre sa plainte. »

(Cour de Nîmes, Iᵉ Chambre, le 6 février 1893; *Cⁱᵉ fermière de Vichy, contre Dupuy et Armand-Pataille,* Annales 1893 (p. 313).

C. — Sur l'ignorance dans laquelle se serait trouvé le sieur Croze du droit privatif des concluants sur la dénomination d'Amer Picon ou de Picon.

Attendu que le Tribunal ne méconnaît pas ce droit des concluants, mais qu'il semble le restreindre à leurs rapports avec Thérèse Picon et Cⁱᵉ et qu'il ajoute que les débitants sont excusables de comprendre sous la désignation générique de Picon ou d'Amer Picon, l'Amer Thérèse qui aurait longtemps porté la dénomination d'Amer de la fille Picon et alors surtout que le nom de Thérèse Picon et Cⁱᵉ, figure encore sur les étiquettes de cet Amer d'une façon très apparente;

Attendu que le droit privatif des concluants deviendrait absolument illusoire s'il pouvait être aussi restreint à leurs rapports avec Thérèse

Picon et Cie, rapports qui n'existent pas, et que la décision interdisant à cette maison l'emploi du mot Picon dans la dénomination de son Amer, resterait lettre morte si les débitants pouvaient être excusables en livrant, sous cette dénomination, le produit de cette maison ;

Que la jurisprudence n'a jamais admis une pareille exception, alors même que la dénomination, Amer de la fille Picon, n'avait pas encore été interdite à Thérèse Picon et Cie.

Que c'est ainsi que la Cour de Nîmes dans une affaire identique, a décidé :

Que l'appellation Amer Picon s'applique spécialement, soit par suite de l'antériorité de la marque, soit en vertu de nombreuses décisions judiciaires aux produits de la maison Picon et non aux produits plus ou moins similaires d'autres maisons, telles que celle de Thérèse Picon, créés postérieurement ;

Que, par suite, les débitants ont l'obligation de servir aux clients qui demandent de l'Amer Picon, la véritable liqueur de ce nom à moins que, sur leur observation, le client ne se contente de celle qui est substituée ;

Qu'en agissant autrement et en servant aux consommateurs demandant de l'Amer Picon, comme cela est constaté dans divers procès-verbaux de constat qui témoignent des pratiques constantes de leur établissement, Roche et Béranger imposent ainsi par surprise à leur clientèle, un produit pour un autre, au détriment du fabriquant du produit demandé.

(Cour de Nîmes, IIe Chambre, 13 mai 1892, *Picon et Cie contre Roche et Béranger*).

Attendu qu'en admettant même que le consommateur, pût à la rigueur et à la suite d'agissements tels que ceux reprochés au sieur Croze, considérer le mot Picon comme un terme générique s'attribuant indistinctement à tous les Amers, surtout à ceux fabriqués par des homonymes, cette confusion est impossible pour les débitants qui, en raison même de la nature de leur commerce, des sollicitations fréquentes dont ils sont l'objet de la part des divers fabriquants ou de leurs agents, de la large publicité faite par les concluants, et enfin et surtout des désignations portées sur les factures des produits achetés, désignations dans lesquelles la dénomination Amer Picon ne figure certainement pas.

D. — Sur la bonne foi :

Attendu qu'il ne semble pas douteux que les actes de cette nature n'aient d'autre mobile de la

part de ceux qui s'y livrent, que le désir de béné-
ficier de la notoriété acquise à la marque des
concluants en même temps que des prix inférieurs
auxquels sont vendus les produits plus ou moins
similaires;

Qu'il est donc bien difficile de croire à la bonne
foi du sieur Croze;

Mais qu'au surplus cette bonne foi fut-elle évi-
dente ou manifestement établie ne saurait, devant
la juridiction civile ou la juridiction commerciale,
mettre le sieur Croze à l'abri de toute responsabilité;

**E. — Sur l'avertissement préalable qui aurait
dû être donné par les concluants :**

Attendu en droit, que toute personne lésée a la
faculté de demander la réparation du préjudice
qui lui a été causé, soit intentionnellement, soit
même par suite d'une simple négligence;

Que la théorie émise par le Tribunal, nouvelle
à coup sûr, ne trouve son fondement dans aucune
disposition législative, non plus que dans les
principes généraux du droit et de l'équité;

Qu'en fait, d'ailleurs, et en raison des circons-
tances plus haut indiquées, le sieur Croze avait
été, à maintes reprises et depuis longtemps déjà,
mis en garde contre le caractère illicite de ses
agissements.

F. — Sur les Dommages Intérêts :

Attendu que les procès-verbaux dressés établissent non seulement la réalité du quasi-délit reproché au sieur Croze, mais encore sa continuité ;

Que son établissement est, sans contester, le plus important de Vals-les-Bains ;

Qu'en outre de l'entrave apportée à la vente des concluants, la recherche et la constatation des faits reprochés au sieur Croze, ont nécessité des frais élevés dont il y a lieu de tenir compte dans la fixation des dommages intérêts ;

Que dans ces conditions, la somme de 500 francs réclamée ne semble pas exagérée.

G. — Sur l'Insertion :

Attendu qu'outre le préjudice résultant des causes ci-dessus énoncées, il y a lieu également de tenir compte aux concluants du discrédit résultant pour leur marque de la substitution à leur produit demandé par le consommateur d'un produit de prix moindre et partant de qualité inférieure.

Que ce préjudice, le plus important sans doute, quoique le plus difficile à évaluer, ne peut-être équitablement réparé que par l'insertion de l'arrêt à intervenir dans un certain nombre de journaux.

Que la publicité résultant de cette mesure est le moyen le plus efficace pour mettre en garde les consommateurs contre les substitutions futures.

(Cour de Nîmes, IIe Chambre 13 mai 1892, *Picon et Cie contre Roche et Béranger)*.

I. — Sur les Dépens.

Attendu qu'ils doivent être mis à la charge du sieur Croze.

Qu'il y a lieu d'y comprendre le coût de divers procès-verbaux dressés et ce en tant que de besoin à titre de supplément de dommages intérêts ;

Par ces motifs et tous autres à suppléer de droit et d'équité ;

En la forme :

Recevoir la Société Picon et Cie, appelante du Jugement du Tribunal de Commerce d'Aubenas en date du 21 juillet 1899 :

Et en raison de la non-connexité,

Disjoindre la cause du sieur Croze ;

Et statuant, en ce qui concerne le sieur Croze.

Au fond, et par application des art. 1382, 1383 et 1384 du Code civil, et 1036 du Code procédure civile.

Infirmer le dit Jugement ;

Dire que la dénomination Amer Picon ou Picon appliquée à un apéritif constitue la propriété exclusive des concluants;

Dire que le fait de vendre ou débiter un produit autre que celui demandé par le consommateur, sans avoir mis celui-ci à même, par un avertissement préalable, de se refuser à cette substitution, constitue dans tous les cas, au regard du fabriquant du produit demandé, un acte illicite dont la réparation peut être poursuivie dans les termes des art. 1382 et suivants du Code civil;

Dire que cette substitution est d'autant plus préjudiciable, que la dénomination du produit demandé figure sous une forme quelconque, dans la marque du produit substitué;

Faire défense, en conséquence, au sieur Croze de vendre ou débiter à l'avenir, sur demande d'Amer Picon, soit de l'Amer Thérèse, soit tout autre produit similaire;

Et pour le préjudice causé, condamner le sieur Croze à payer aux concluants la somme de cinq cents francs à titre de dommages-intérêts;

Ordonner l'insertion de l'arrêt à intervenir dans trois journaux, au choix des concluants et aux frais du sieur Croze;

Condamner en outre le sieur Croze à tous les dépens, lesquels comprendront le coût des procès-verbaux de constat des 16, 18, et 20 mars 1899 et ce, en tant que de besoin, à titre de supplément de dommages-intérêts ;

Ordonner la restitution de l'amende d'appel sous toutes réserves.

Me BOUILLIER,
avocat du Barreau de Paris.

Me LAZUTTES,
avoué.

En réponse à ces conclusions, la Cour d'appel de Nîmes, après une brillante plaidoierie de M⁰ Roux détruisant tous ces arguments et ramenant le procès sous son véritable jour, a rendu l'arrêt suivant :

COUR D'APPEL DE NIMES

Audience du 2 Février 1900

JUGEMENT

Entre sieurs Picon et Cie, distillateurs domiciliés à Marseille, boulevard National, 9, appelants d'une part,

Et de Louis Croze, limonadier, tenant le Café de Lyon, domicilié à Vals-les-Bains (Ardèche), intimé d'autre part.

Oui en arrêt.

M⁰ Bouillier (du barreau de Paris), avocat, avec M⁰ Lazuttes, avoué, pour les appelants.

M⁰ Roux, avocat avec M⁰ Hugues, avoué pour l'intimé.

Après en avoir délibéré conformément à la loi.

Attendu qu'à raison de la non-connexité il convient de disjoindre les deux actions dirigées par Picon et Cie, contre Croze, d'une part, ainsi qui concluera Picon et Cie, Croze, déclarant s'en remettre à la sagesse de la Cour.

En ce qui concerne l'instance de Picon et Cie contre Croze.

Attendu que Picon et Cie exposent qu'ils sont les propriétaires exclusifs de la dénomination (Amer Picon) « ou Picon servant à désigner un apéritif de leur fabrication, qu'il s'évince de trois procès-verbaux de constat des 16, 18 et 20 mars 1899, que Croze à servi ou fait servir à ces mêmes dates dans l'établissement qu'il gère à Vals-les-Bains, sous le nom de Café de Lyon, un produit dit Amer Thérèse, fabriqué par Thérèse Picon et Cie, aux consommateurs qui demandaient un Amer Picon où un Picon sans les avertir au préalable de la substitution opérée;

Attendu que dans cette situation ils ont

fait assigner Croze devant le Tribunal de Commerce d'Aubenas pour le faire condamner à leur payer une somme de 1500 francs, en réparation du préjudice qu'il leur a causé par des actes illicites et dommageables avec insertion du Jugement à intervenir à ses frais dans quatre journaux ainsi qu'aux dépens;

Attendu que Picon et Cie, ont relevé appel du Jugement rendu par la juridiction consulaire qui, le 21 juillet écoulé a rejeté leur demande;

Attendu que Croze aurait sans contexte commis à l'égard des appelants un acte illicite et dommageable en même temps qu'une tromperie envers les consommateurs sus indiqués s'il avait pris soin soit de faire verser dans leur verre un Amer d'une autre origine sans leur laisser la possibilité de tout contrôle, soit de leur faire servir dans une bouteille portant la marque de la maison Picon et Cie, un apéritif d'une autre provenance, mais qu'il en a été différemment puisqu'il appert des procès-verbaux sus visés dont excipent les appelants qu'il a été apporté devant les consommateurs et laissé sur la table à leur disposition de manière qu'il leur fut permis de se servir eux-mêmes, une bouteille qui n'avait aucun des signes recognitifs de celle des appelants, de telle sorte que toute confusion était devenue impossible et qui portait en travers et en grosses lettres très apparentes, Amer Thérèse, et au dessous en lettres plus petites, fabriqué par Thérèse Picon et Cie, qu'il demeure donc évident que les consommateurs qui avaient tous reçus au moins une instruction primaire ont accepté, en connaissance de cause, l'apéritif dit, Amer Thérèse qui leur était apporté au lieu de l'Amer Picon qu'ils avaient demandé;

Attendu que dans ces conditions, l'intimé n'a commis aucun acte illicite et qu'il n'a pu par ces agissements causer un préjudice aux appelants;

Attendu que les dépens sont à la charge de la partie qui succombe.

Par ces motifs :

La Cour parties ouies et le Ministère

public disjoint les causes et statuant seulement sur l'action intentée par Picon et Cie
à Croze confirme le Jugement rendu par
le Tribunal de Commerce d'Aubenas, le 21
juillet 1899, dit qu'il sortira son plein et
entier effet,

Condamne les appelants à l'amende et
aux dépens liquidés à 132 fr. 55 centimes,
y compris le coût du présent arrêt. Rejette
toutes autres prétentions des parties comme
mal fondées.

Prononce la distraction des dépens d'appel
au profit de Me Hugues, avoué aux affir-
mations de droit.

CONCLUSION

Voilà les deux Jugements devant lesquels nous devons nous incliner, et comme corollaires, nous déduisons que lorsqu'il y a cent ans Napoléon Ier mettait dans son code : *Article premier, nul Français n'est censé ignorer la loi,* on pourrait ajouter, sans scrupule, un 2me article : *tout Français est censé savoir lire.*

Un conseil en terminant : « Évitez-vous des procès ennuyeux mais, tout en restant dans la légalité, faites respecter vos droits. »

FIN

Étant dans le pays des Eaux minérales et voulant vous faciliter, pour vos provisions, j'ai mis aux annonces quelques-unes de nos eaux des meilleures et des plus réputées.

SOURCES

SAINTE-JEANNE

et

LA PARFAITE

---✶---

Analyse de la Source SAINTE-JEANNE

Substances contenues dans un litre d'eau :

Bicarbonate de soude................	3.300	
— de potasse................	0.116	
— de chaux................	0.375	4.201
— de magnésie................	0.365	
— de fer................	0.045	
Chlorure de sodium........................		0.079
Sulfate de soude........................		0.035
Silice........................		0.028
Acide carbonique libre....................		2.401
TOTAL..........		6.744

S'adresser pour les commandes,
à **M. Louis CROZE, limonadier à Vals-les-Bains**

SOURCE

LA FORTIFIANTE

Labégude-Vals-les-Bains

Analyse de la Source la FORTIFIANTE

	par litre
Acide carbonique libre	0.603
Acide carbonique combiné	1.020
Acide sulfurique	0.066
Chlore	0.103
Silice	0.023
Oxyde de fer et alumine	0.011
Chaux	0.145
Magnésie	0.039
Potasse	0.025
Soude	0.493
TOTAL par litre, grammes	2.528

---

www.ingramcontent.com/pod-product-compliance
Lightning Source LLC
Chambersburg PA
CBHW070759210326
41520CB00016B/4760